roman rouge

Dominique et compagnie

Sous la direction de

Yvon Brochu

François Gravel

David et les monstres de la forêt

Illustrations

Pierre Pratt

Données de catalogage avant publication (Canada)

Gravel, François
David et les monstres de la forêt
(Roman rouge)
Pour enfants de 6 ans et plus.

ISBN 2-89512-166-4

I. Pratt, Pierre II. Titre.

PS8563.R388D385 2001 jC843'.54 C00-941699-4
PS9563.R388D385 2001
PZ23.G72Da 2001

Dépôts légaux : 2e trimestre 2001
Bibliothèque nationale du Québec
Bibliothèque nationale du Canada
Bibliothèque nationale de France

ISBN 2-89512-166-4
Imprimé au Canada

10 9 8 7 6 5 4 3 2

Direction de la collection :
Yvon Brochu, R-D création enr.
Éditrice : Dominique Payette
Direction artistique et
graphisme : Primeau & Barey
Révision-correction :
Martine Latulippe

Dominique et compagnie
300, rue Arran
Saint-Lambert (Québec) J4R 1K5
Téléphone : (514) 875-0327
Télécopieur : (450) 672-5448
Courriel :
info@editionsheritage.com

Nous remercions le Conseil des Arts du Canada de l'aide accordée à notre programme de publication ainsi que la SODEC et le ministère du Patrimoine canadien.

Gouvernement du Québec – Programme de crédit d'impôt pour l'édition de livres – SODEC

À ma
très chère
Michèle

Chapitre 1

Le sentier dans la forêt

Mon père est un homme très important. Il a un magasin général et il a souvent besoin de moi pour faire des livraisons. Parfois, je dois marcher jusqu'à l'autre bout du village, et même plus loin encore. Si je prends la route, j'en ai pour des heures. Quand j'emprunte le sentier qui traverse la forêt et qui longe le marécage, c'est une affaire de quelques minutes.

Le problème, c'est que j'ai peur lorsque je traverse la forêt. Les arbres sont noirs et tordus, et souvent ils sont recouverts d'épines. Mais je n'ai pas tellement peur des arbres : un arbre, ça ne bouge pas. Il suffit de se tenir loin, c'est tout.

Je ne crains pas les marécages non plus : dans mon pays, il n'y a pas de serpents ni de crocodiles, ni d'alligators, ni de poissons carnivores. Le pire qui peut m'arriver, c'est de mouiller le bas de mon pantalon. Tant que je reste dans le sentier, je suis en sécurité.

Je sais qu'il ne peut rien m'arriver, mais j'ai quand même peur. Quand je marche, j'entends des craquements de branches ou de feuilles mortes. J'imagine qu'un ours me suit. Et puis, j'entends le

vent hurler. Chaque fois, je pense que c'est un loup, ou même pire.

Heureusement que Fantôme, mon chien, se tient toujours à mes côtés. Quand je dois traverser la forêt, je l'appelle en criant très fort :

– Fantôme ! Fantôme !

Mon chien n'est pas sourd. Il entend même mieux que moi. Malgré tout, je crie très fort et je répète son nom plusieurs fois. Peut-être que les loups ont peur des fantômes ?

– Wouf ! répond Fantôme.

– Il faut y aller, mon vieux

Fantôme. Mon père m'envoie encore faire une livraison chez monsieur Jonas, à l'autre bout du village.

– Wouf ! wouf ! me répond-il en branlant la queue.

Fantôme n'est pas comme moi : lui, il est toujours content d'aller dans la forêt. Heureusement qu'il est là !

Chapitre 2

Les broyeurs noirs et les gargouilles à mandibules

Mon père m'a donné un truc pour m'empêcher d'avoir peur : je dois siffler, ou bien chanter. Je ne sais pas très bien siffler, mais je peux chanter, même si j'oublie parfois les paroles des chansons. Mon chien connaît encore moins les paroles, mais il chante tout de même avec moi.

– *Au clair de la lune, mon ami...*

– Wouf ! wouf !

– Prête-moi ta plume, pour…

– Wouf ! wouf ! wouf ! wouf !

Je chante très fort. J'espère que les loups vont déguerpir s'ils entendent japper mon chien. Si les loups n'ont pas peur des fantômes, peut-être ont-ils peur des chiens ?

– Qu'en penses-tu, mon vieux Fantôme ? Les loups ont-ils peur des chiens ?

– Wouf !

– Tu crois ? Et les renards, et les couguars, ont-ils peur des chiens, eux aussi ?

– Wouf ! wouf !

– Et… et si on rencontrait des broyeurs noirs ou des gargouilles à mandibules ? Des arrache-nez ou des perce-yeux ? Des étrangleurs en série ou des déchiqueteurs à dents de scie ? Des

rapaces broyeurs de carapaces ou des scorpions tire-bouchons ? Personne n'en a jamais vu, c'est vrai, mais ça ne prouve rien ! Avant que je ne t'apprivoise, personne ne t'avait vu, toi non plus ; et pourtant tu existes !

– Wouf ! wouf ! wouf !

– Tu as raison, Fantôme. Mon père aussi dit que j'ai trop d'imagination. Mais, quand même…

– Wouf !

– D'accord, mon vieux Fantôme, d'accord. Je ferais mieux de chanter. *Frère Jacques, frère Jacques, dormez-vous ?*

– Wouf ? wouf ? wouf ?

– *Sonnez les matines, sonnez les matines, ding, ding, dong…*

– Wouf ! wouf ! wouf !

Chapitre 3

Les monstres de la forêt

Je déteste aller chez monsieur Jonas. Il passe des heures à compter ses sous, et il n'en finit plus de me parler de ses maladies. « Il faut toujours être gentil avec les clients, me rappelle souvent mon père. Surtout quand ils sont âgés. »

Je veux bien être gentil, mais je regarde l'horloge : déjà quatre heures ! Et puis, nous sommes en automne ! L'automne est la pire saison pour marcher en forêt. Le

sol est couvert de branches mortes qui craquent au moindre pas. Il fait noir très tôt, il pleut souvent, et le vent hurle à travers les branches. Bientôt ce sera la nuit, et tous les monstres de la forêt seront au rendez-vous !

Quand je sors enfin de chez monsieur Jonas, le ciel est couvert de nuages. Il fait déjà noir ! Et quand j'entre dans la forêt, c'est terrifiant ! J'entends des branches qui craquent, et mon cœur bat à tout rompre. Quand je n'entends rien, c'est encore pire ! J'ai peur du bruit, et j'ai peur du silence. Que faire, mon Fantôme ?

– Wouf !

– On devrait chanter, tu as raison... *À la claire fontaine, m'en allant...*

– Wouf ! Wouf wouf ! Wouf wouf wouf wouf wouf !

Est-ce que je rêve ? J'ai l'impression que mon chien a peur, lui aussi ! Pourtant, habituellement, il adore marcher dans la forêt. Mais peut-être a-t-il entendu des écrabouilleurs de tibias ou des écraseurs de têtes ? Peut-être a-t-il

senti des revenants turpides ou des vautours à vilebrequin ? Vite, à la maison !

– *J'ai trouvé l'eau si belle que je m'y suis...*

– Wouf ! wouf !

J'arrive chez moi tout essoufflé : ce n'est pas facile de chanter et de courir en même temps !

Chapitre 4

Le cauchemar de novembre

Cette nuit, j'ai vu des revenants et des vautours, des scorpions et des arrache-nez, des étrangleurs et des squelettes. Ils voulaient me faire cuire dans une grande marmite et me manger. Quand je me suis réveillé, mon cœur battait si fort que j'en avais mal aux côtes. Quel affreux cauchemar !

Et le cauchemar ne faisait que commencer ! Aujourd'hui, c'est samedi. Un samedi de novembre, la plus noire de toutes les journées de l'année. En plus, il pleut. Mon père veut que je retourne faire une livraison chez monsieur Jonas, et je n'ose pas lui dire que j'ai peur.

– Viens, mon chien ! Il faut y aller !

Fantôme ne veut pas venir ! Il fait semblant de ne pas m'entendre ! Il a peut-être fait des cauchemars, lui aussi ? Il a peut-être

rêvé d'ogres dévoreurs de chiens ou de puces géantes ?

– Allez, Fantôme, il faut partir !

Il finit par se lever, mais il traîne la patte. Pour l'encourager à me suivre, j'essaie de le rassurer :

– Mon cher Fantôme, j'ai une grande nouvelle à t'annoncer. Ce sera bientôt mon anniversaire ; je serai donc plus vieux d'un an.

Quand on est plus vieux, on a moins peur, tout le monde le dit. Alors j'ai décidé de prendre de l'avance et de me faire un cadeau : j'arrête d'avoir peur ! À partir d'aujourd'hui, je n'aurai plus peur de rien ! Enfin, de presque rien...

– Wouf !

Je ne sais pas s'il m'a vraiment compris, mais Fantôme semble plus joyeux : il redresse les oreilles, et il bat de la queue !

– Je vais même tenter une expérience : aujourd'hui, nous allons traverser la forêt en silence, sans chanter ni parler !

Fantôme me suit, mais il n'a pas l'air très brave. Quand nous entrons dans la forêt, je l'entends même gémir. Il faut dire qu'il n'a jamais fait aussi noir, que le vent n'a jamais hurlé aussi fort et que les arbres n'ont jamais été aussi tordus…

Est-ce que je réussirai à tenir ma résolution ?

Chapitre 5

Le rendez-vous des monstres

Silencieux, j'entre dans la forêt. Il ne se passe rien. Rien du tout. Pas de monstre ni de loup, pas de revenant ni d'insecte géant, rien ! J'ai trouvé le meilleur truc du monde pour cesser d'avoir peur : il suffit de le vouloir ! J'ai envie d'en parler avec Fantôme, mais je me retiens. J'ai décidé de traverser la forêt en silence, alors je resterai silencieux jusqu'au bout !

Je tourne à droite, puis à gauche, encore à gauche, et toujours rien. Je passe juste à côté du grand arbre mort qui ressemble à un squelette. Toujours pas de monstre. J'entends une branche craquer et je n'ai pas peur du tout. Ça y est, je suis guéri ! Je n'aurai plus jamais peur de toute ma vie !

Me voici tout près du marécage. Je n'ai plus qu'à le contourner, et ce sera fini. J'aurai traversé toute la forêt. Je marche de plus en plus vite, tout joyeux, lorsque tout à coup j'entends des bruits étranges

derrière les fougères. Je m'arrête, je prête l'oreille, et j'entends des craquements sinistres, des souffles inquiétants, des grondements. Je sens même des odeurs de fauve, comme si j'étais entouré de bêtes sauvages.

Soudain, un loup bondit devant moi et me bloque le chemin.

– Que se passe-t-il, jeune homme ? demande le loup d'une voix très grave. Pourquoi est-ce que tu ne chantes plus ?

Je suis tellement surpris que je ne sais pas quoi dire. Et même si je le savais, je serais incapable de parler : la peur me paralyse. Je réussis à peine à jeter un coup d'œil en direction de Fantôme : il est aplati sur le sol, les oreilles basses, la queue immobile. Il est encore plus terrifié que moi ! Mon chien serait peut-être assez brave pour affronter un loup, mais certainement pas un loup qui se tient sur deux pattes et qui parle !

J'entends ensuite un froissement d'ailes au-dessus de ma tête, et je vois un vautour à vilebrequin se poser sur une branche, tout près du loup.

– Il a raison, dit le vautour. Chaque semaine, tu nous chantes des chansons, et aujourd'hui tu t'arrêtes, brusquement, sans nous prévenir...

– Je les aime bien, moi, tes chansons, ajoute une voix stridente qui semble provenir d'un petit tas de cailloux, à mes pieds.

C'est le scorpion tire-bouchon !

– J'aime tellement quand tu chantes *Au clair de la lune !* soupire l'écraseur de têtes, sortant de sa tanière. Quand tu ne la chantes pas, j'ai du mal à m'endormir !

– Pareil pour moi ! reprend un couguar, venu se poster derrière moi sans que je l'entende. Ma préférée, c'est *Frère Jacques*. Tu veux bien m'en chanter un petit bout, s'il te plaît ? Juste un petit bout ?

Je vois bientôt apparaître un broyeur noir et une gargouille à mandibules, un arrache-nez et un

perce-yeux, un déchiqueteur à dents de scie et un écrabouilleur de tibias, un rapace broyeur de carapaces et deux douzaines de puces géantes ; tous les monstres de la forêt m'encerclent, comme dans mes pires cauchemars. Mais ce n'est pas un cauchemar… C'est la réalité !

Je devrais être mort de peur, mais plus les monstres me parlent,

plus je me sens rassuré. Ils sont tous affreusement laids, mais pas menaçants. Et puis ils semblent tellement tristes qu'ils réussissent à m'attendrir.

Mais peut-être me tendent-ils un piège ? Peut-être font-ils semblant d'être gentils pour mieux me dévorer ? Peut-être que... Peut-être que je devrais essayer de chanter ? Je tousse un peu pour m'éclaircir la voix, et j'essaie de pousser quelques notes :

– Frère Jacques, frère Jacques…

Ma voix est toute faible et tremblotante, mais le couguar a l'air satisfait : il me fait un grand sourire avant de disparaître derrière les fougères.

– Dormez-vous ? Dormez-vous ?

Le vautour à vilebrequin sourit à son tour, puis il s'envole dans le ciel et disparaît derrière un nuage.

– Sonnez les matines, sonnez les matines…

Le scorpion disparaît dans un trou, l'écraseur de têtes retourne dans sa tanière et le loup me salue en même temps que le broyeur noir. Chaque fois, ils me font un si beau sourire que j'ai envie de chanter encore plus fort. Je finis mon *Frère Jacques ;* ensuite, je chante *Au clair de la lune,* puis toutes les chansons que je connais, jusqu'à ce que tous les monstres aient disparu. Enfin, presque tous les monstres…

– Il faut que tu fasses ta part, mon vieux Fantôme !

Mon pauvre chien est encore terrorisé ! Il finit pourtant par se relever et par chanter avec moi :

– *À la claire fontaine, m'en allant...*

– Wouf ! wouf ! wouf !

Il a jappé si timidement que c'est à peine si je l'ai entendu, mais c'était suffisant pour faire disparaître les derniers monstres : les puces géantes ont libéré le chemin, et nous pouvons enfin aller chez monsieur Jonas !

Sur le chemin du retour, je discute avec Fantôme.

– Ouf ! quelle histoire incroyable ! Personne ne me croirait si je la racontais !

– Wouf !

– Sauf mon chien Fantôme, bien sûr !

– Wouf ! wouf ! Wouf ! wouf ! wouf !

– Tu as bien raison, mon vieux Fantôme : on devrait toujours chanter quand on traverse la forêt. Même quand on n'a pas peur !

Dans la même collection

1 **Lancelot, le dragon**
Anique Poitras

2 **David et le Fantôme**
François Gravel

3 **Le petit musicien**
Gilles Tibo

4 **David et les monstres de la forêt**
François Gravel